中国精致建筑100

筑境

出版说明

中国是一个地大物博、历史悠久的文明古国。自历史的脚步迈入新世纪大门以来，她越来越成为世人瞩目的焦点，正不断向世人绽放她历史上曾具有的魅力和光辉异彩。当代中国的经济腾飞、古代中国的文化瑰宝，都已成了世人热衷研究和深入了解的课题。

作为国家级科技出版单位——中国建筑工业出版社60年来始终以弘扬和传承中华民族优秀的建筑文化，推动和传播中国建筑技术进步与发展，向世界介绍和展示中国从古至今的建设成就为己任，并用行动践行着"弘扬中华文化，增强中华文化国际影响力"的使命。从20世纪80年代开始，中国建筑工业出版社就非常重视与海内外同仁进行建筑文化交流与合作，并策划、组织编撰、出版了一系列反映我中华传统建筑风貌的学术画册和学术著作，并在海内外产生了重大影响。

"中国精致建筑100"是中国建筑工业出版社与台湾锦绣出版事业股份有限公司策划，由中国建筑工业出版社组织国内百余位专家学者和摄影专家不惮繁杂，对遍布全国有历史意义的、有代表性的传统建筑进行认真考察和潜心研究，并按建筑思想、建筑元素、宫殿建筑、礼制建筑、宗教建筑、古城镇、古村落、民居建筑、陵墓建筑、园林建筑、书院与会馆等建筑专题与类别，历经数年系统科学地梳理、编撰而成。本套图书按专题分册，就其历史背景、建筑风格、建筑特征、建筑文化，结合精美图照和线图撰写。全套100册、文约200万字、图照6000余幅。

这套图书内容精练、文字通俗、图文并茂、设计考究，是适合海内外读者轻松阅读、便于携带的专业与文化并蓄的普及性读物。目的是让更多的热爱中华文化的人，更全面地欣赏和认识中国传统建筑特有的丰姿、独特的设计手法、精湛的建造技艺，及其绝妙的细部处理，并为世界建筑界记录下可资回味的建筑文化遗产，为海内外读者打开一扇建筑知识和艺术的大门。

这套图书将以中、英文两种文版推出，可供广大中外古建筑之研究者、爱好者、旅游者阅读和珍藏。

目录

明十三陵

明朝从太祖朱元璋建元洪武（1368年）到崇祯十七年（1644年）被李自成农民起义军推翻，历时277年之久，共有十六位皇帝。其中太祖朱元璋死后葬南京孝陵；第二帝建文帝朱允炆在叔侄皇权争战中失败，不知所终；第七帝景泰帝朱祁钰在英宗复辟后死去，以王礼葬于北京西郊；其余十三帝均葬在了北京西北约45公里处的天寿山陵域内，世人因此总称这十三座帝陵为明十三陵。

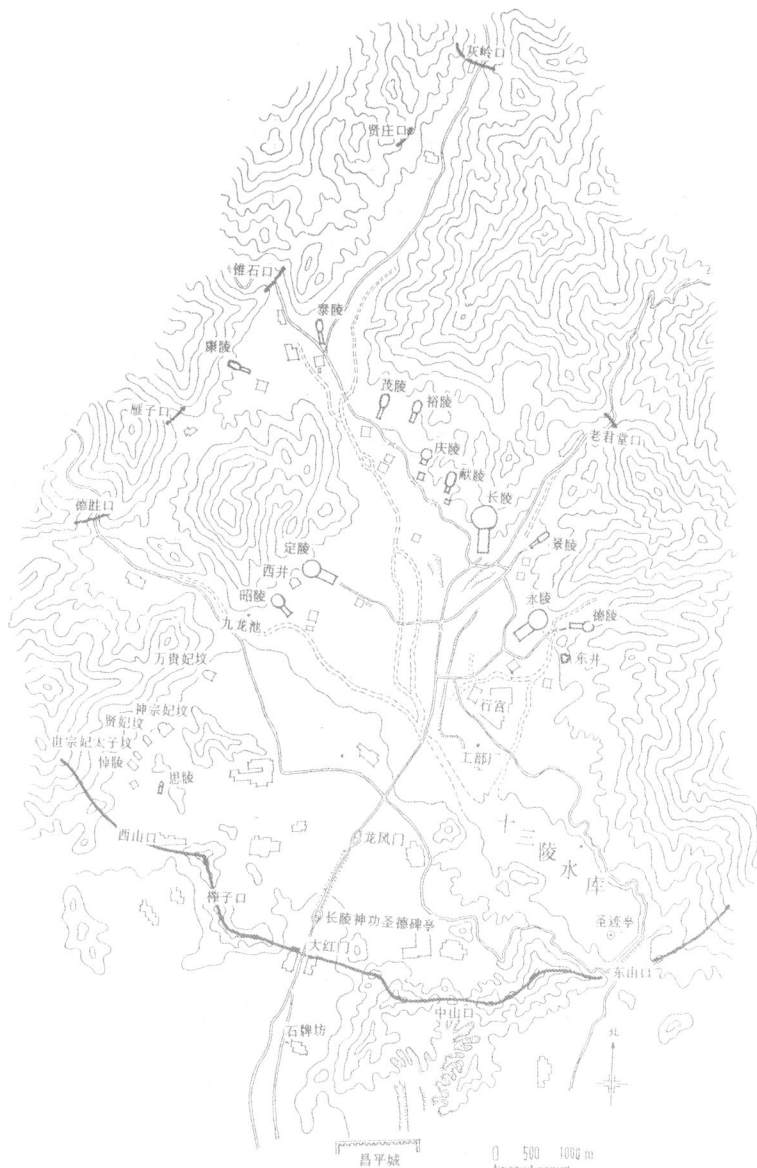

图0-1　明十三陵分布示意图

天寿山一带之所以能成为明朝中后期的帝陵所在地，一是因为陵区山环水抱，地理环境壮观，符合风水说的"吉壤"要求，二是因为这里地处北京城郊。

我国古代的封建帝王历来重视对神祇、祖先的祭奠活动，所以帝陵多近京而建，以便按时朝拜。明朝的开国皇帝朱元璋定都南京，所以孝陵就建在了南京之郊。明成祖朱棣从建文帝手中夺取政权后，即位于南京。但他不久就开始了迁都北京的各项准备。朱棣迁都北京的主要目的是想居重驭轻，以"天子守边"的战略方式，打击和抵御蒙古贵族的南下侵扰，并对东北女真诸部实施控制。所以，永乐五年（1407年）皇后徐氏病故，他遣礼部尚书赵翙率风水术士廖均卿等人选得了天寿山吉地，并在山前建造了长陵。此后由于北京一直是明朝的都城，天寿山又地域开阔，"吉壤固多"，所以，又有十二帝葬在了陵区。继长陵以后十二陵的名称依序为献陵、景陵、裕陵、茂陵、泰陵、康陵、永陵、昭陵、定陵、德陵、思陵。各陵的位置及墓主情况如附表所列。

十三陵陵区的建筑规模十分宏伟，布局也主次分明，严整有序。主陵长陵背倚天寿山主峰，占陵区北部的中央部位，其余各陵也各以一山为屏，分建于长陵两侧的山麓上。陵区中部，长陵的神道幽深曲折，直通陵区之南。由于各陵神道均从此道北段分出，所以长陵神道又有总神道之称。各陵的陵宫建筑平面呈前方后圆之状，各以宝城、明楼、祾恩殿、祾恩门为主，翼以配殿、厨库及监、署、朝房等，构成规模宏大、仪制完备的建筑组群。各陵宫之前的神道，以长陵最长，墓仪建筑也最完备。长陵神道自南而北长达7.3公里，沿路依次建有石牌坊、大红门（陵区总门户）、长陵神功圣德碑亭、石望柱、石像生、龙凤门、七孔桥、南北五孔桥等建筑，将主陵衬托得无比威严。其他各陵神道则仅建碑亭和石桥，以示逊避。除此之外，陵区侧翼还有陪葬墓八座（妃墓七座、太监墓一座），偏南部曾建有新旧行宫、工部厂、时陟殿、圣迹亭、九龙池等行宫、苑囿建筑。周围则沿山设险，修筑城垣、敌台、拦马墙等军事防御工程，以备非常时期的陵区守御。

根据史料分析，各陵的陵宫，因系主体建筑，营建之前都有较为周密细致的规划设计（尽管有的是分期施工）。沿神路的建筑初始也有粗略构想，但由于大都是彰显墓主功德的纯纪念性建筑物，所以大多系后世补建，其详细的设计则应是补建前根据前朝典制（如长陵参酌孝陵）和周围的环境，应时应地处置而成的。至于行宫、苑囿及周围的城垣建筑，更属根据形势及客观需要"边设计边施工"的性质。然而尽管如此，由于陵区的每座建筑都是依据山川形势和朝廷礼制，综合权衡后建设的，所以其整体效应仍十分和谐。

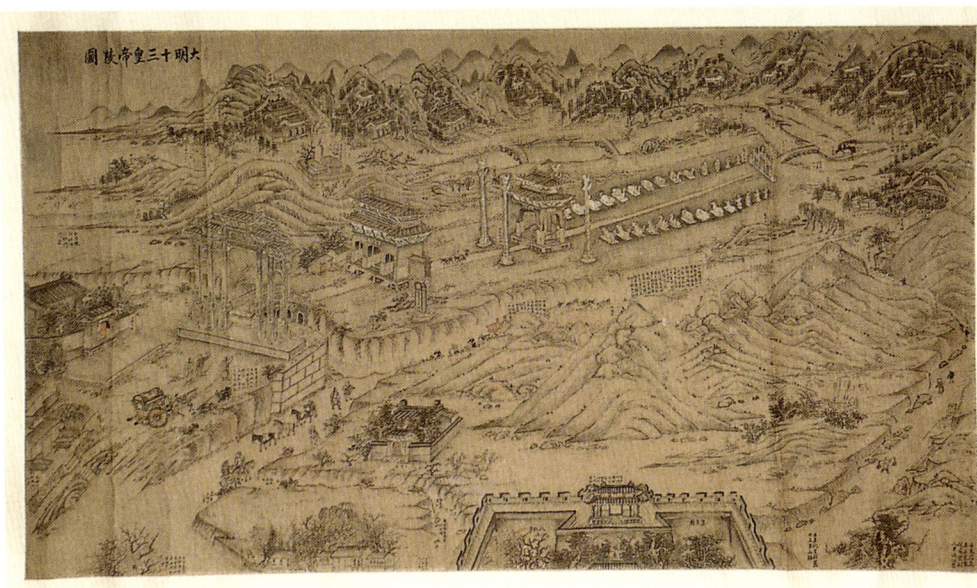

图0-2 清人绘制的《大明十三帝陵图》（局部）/上图

图0-3 清人绘制的《大明十三帝陵图》/下图

明十三陵墓主表

序号	陵名	皇帝姓名	年号	庙号	谥号	在位年代	世系	享年(岁)	祔葬皇后	陵址
1	长陵	朱棣	永乐	成祖	文皇帝	1403—1424年	太祖四子	65	徐氏	天寿山下
2	献陵	朱高炽	洪熙	仁宗	昭皇帝	1425年	成祖长子	48	张氏	天寿山黄山寺一岭下
3	景陵	朱瞻基	宣德	宣宗	章皇帝	1426—1435年	仁宗长子	37	孙氏	天寿山黑山下
4	裕陵	朱祁镇	正统 天顺	英宗	睿皇帝	1436—1449年 1457—1464年	宣宗长子	38	钱氏、周氏	天寿山石门山下
5	茂陵	朱见深	成化	宪宗	纯皇帝	1465—1487年	英宗长子	41	王氏、纪氏、邵氏	天寿山聚宝山下
6	泰陵	朱祐樘	弘治	孝宗	敬皇帝	1488—1505年	宪宗三子	36	张氏	天寿山笔架山下
7	康陵	朱厚照	正德	武宗	毅皇帝	1506—1521年	孝宗长子	31	夏氏	天寿山莲花山下
8	永陵	朱厚熜	嘉靖	世宗	肃皇帝	1522—1566年	宪宗孙	60	陈氏、方氏、杜氏	天寿山阳翠岭下
9	昭陵	朱载垕	隆庆	穆宗	庄皇帝	1567—1572年	世宗三子	36	李氏、陈氏、李氏	天寿山大峪山下
10	定陵	朱翊钧	万历	神宗	显皇帝	1573—1620年	穆宗三子	58	王氏、王氏	天寿山大峪山下
11	庆陵	朱常洛	泰昌	光宗	贞皇帝	1620年	神宗长子	39	郭氏、王氏、刘氏	天寿山黄山寺二岭下
12	德陵	朱由校	天启	熹宗	哲皇帝	1621—1627年	光宗长子	23	张氏	天寿山潭峪岭下
13	思陵	朱由检	崇祯		愍皇帝	1628—1644年	光宗五子	35	皇后周氏 皇贵妃田氏	天寿山鹿马山下

一、陵区门户——大红门

十三陵的陵区（古称北域），是一个群山环绕的封闭式空间范围。陵区的总门户大红门设在南部偏西的龙虎二山之间。这是一座红墙黄瓦的宫门式建筑，设有三道红券门。明朝时门的两侧还设有随墙式的掖门各一座，两侧的墙垣东西蜿蜒一直通到龙虎二山之上。

在封建社会，帝王的尊严至高无上，皇家陵区被视为神圣不可侵犯的禁地。所以陵区的门户自然也就"若囊之口，腹之喉"（清梁份《帝陵图说》）被视为重地，所有臣民不经允许是不能进入的。如《大明会典》就记有这样的规定："凡擅入太庙门及山陵北域门者杖一百……未过门限者各减一等。守卫官故纵者各与犯人同罪，失察觉者减三等。"

图1-1 下马碑（西侧）
大红门前左右各一座，正反两面分别刻有"官员人等至此下马"八个楷书大字。

图1-2 大红门

大红门坐落在龙虎二山之间的一个高岗地上，中门门洞正对天寿山中峰，气势十分雄伟。

🅰筑境 中国精致建筑100

图1-3 石牌坊（正面）
建于嘉靖十九年（1540年），形制为五门六柱十一楼，全系石结构。《帝陵图说》记："天寿山势层叠环抱，其第一重东西龙砂欲连未连，坊建其中以联络之。"可见，此坊除了本身的歌功颂德意义外，还有风水的作用。

在当时，可以经由大红门红券门进入陵区的只有帝后的棺椁及谒陵的皇帝和奉命谒陵的大臣。其中帝后的梓宫依礼应走中券门，帝后谒陵走左券门，奉命谒陵的大臣则走右券门。明朝时所以会有这样的制度，是因为大红门的三个券门在礼制上有着尊卑的区别。其中中门最尊（居中为尊），所以应是帝后梓宫所经之门；次为左门（明代尚左），故为嗣帝谒陵所经之门；再次为右门，故为奉命谒陵的大臣所经之门。不过，大臣们经由此门只能入不能出，其原因《明孝宗实录》记载的一件事解释得十分清楚。弘治八年（1495年）九月，南京守备司礼监太监陈祖生上奏说："魏国公徐俌每承命孝陵致祭，皆由红券门并金门、陵门之右门入至殿内行礼，事属僭踰，宜令改正。"而徐俌则上章辩解。他说："入必由红券门者，所以重祖宗之祭，尊皇上之命；出则由旁小门者，所以守臣下之分。循守故事，几及百年，岂敢擅易？"礼部奉命议处，也认为：

图1-4 石牌坊夹柱石浮雕
夹柱石的浮雕图案，有龙狮两类，其中双狮
滚绣球图案形象逼真，最为生动

陵区门户——大红门

筑境 中国精致建筑100

"今长陵等陵及太庙每遣官致祭，所由之门并行礼殿内，与孝陵事体大略相同，宜令俱如旧礼行之。"可见当时进入大红门也是很有讲究的。

另外，大红门门前的左右两侧还各立有一通下马碑，再前约1公里处还有一座白石牌坊。按明朝的礼制，凡遇陵祭，祭陵官员必须提前二日到昌平州，次日早晨按礼部题定的陵园至该陵朝房，候夜半祭毕回州，第三日回京复命。在进入陵区之前，须先行遣人递报名单，以便御史、给事中点闸查纠。到了石牌坊都要下舆改乘马行，到了大红门前下马碑处下马步行。届时，大红门前还有昌平镇守总兵官，身着戎装，率兵12000人跪迎。门左设有径约五尺的大锣，敲击时声震山谷。明人张循占写道："华表双标白玉栏，红门下马驻银鞍。"所指即是谒陵时大臣们经由大红门时的情景。

二、长陵神道石像生雕刻群

长陵神道，因北部分出其他各陵神道，又被人们称为陵区总神道。这条神道入大红门以后依次建有长陵神功圣德碑亭、石望柱、石像生、龙凤门等墓仪设施，最后经南五孔桥、七孔桥、北五孔桥达于长陵陵门。其中石像生是一组十分精美且最引人注目的石雕群。

石像生，古代又作"石仪卫"。其制始自秦汉或更早的时期。主要功能是表饰坟垄，象征墓主生前仪卫，同时在意向上还有象征祥瑞和在"阴间"卫护园寝的作用。

这组石像生共计36尊。由南及北排列的顺序是：狮、獬豸、骆驼、象、麒麟、马、将军、文臣、勋臣。其中，石兽各四尊，均前蹲（或卧）后立，石人各四尊，均作立像。

这组石像生在种类的设置上仿南京孝陵（明太祖朱元璋陵），但增加了四尊勋臣像。

图2-1 石望柱后面的石像生群

a

b

图2-2 威猛的石狮

长陵神道石像生雕刻群

筑境 中国精致建筑100

图2-3 石獬豸/上图
传说中的神兽。"能触邪，状如羊，一角四足，王者狱讼平则至"。

图2-4 石象/下图

图2-5 石骆驼

每类石像生的设置都有很强的象征意义。如石狮象征威猛，獬豸象征公正，麒麟象征太平祥瑞，将军象征御前侍卫大汉将军，文臣、勋臣象征文武百官……

用来凿刻石像生的石料都采自房山的独树石厂，是正统元年（1436年）至三年，由内官监太监倪忠奉命督采的。当时距离徐皇后之葬已有二十余年，距成祖之葬也有十余年之久，然而直到正统初年才置立，主要是因为朝廷考虑到了民力复苏问题。石像生的体量很大，所以当时开采的荒料一定也很大。如体量最大的石象，不计基座，身高3.25米，身长4.3米，身宽1.55米，其体积已达21.7立方米，如果算上基座，则其荒料可能会达到30立方米左右。这样大的石料当时是怎么运到陵

长陵神道石像生雕刻群

筑境 中国精致建筑100

a

b

图2-6 石麒麟
传说中的太平、祥端之兽，"帝王之德上及太清下及大宁，
中及万灵，则麒麟见"（《金幼孜》《麒麟赞》）。

a

b

图2-7 石马

区的呢？根据明代运石的有关资料分析，很可能是采用的"旱船拽运"的方法，就是将石料装在木制的"旱船"上，乘严冬结冰时，浇水于途，挽行冰上。

明项梦原《冬官纪事》记载，嘉靖三十六年（1557年）重建皇宫三大殿，以旱船拽运的方法从房山运送一块长三丈、宽一丈、厚五尺的中道阶石（约合16.8立方米），计用顺天等八府民夫2万人，耗银11万余两，28天才运到京城。可以想见，神道石像生的安置并非一项小工程。

图2-8 将军像
雕刻细致，凤翅盔、锁子甲等装饰既符合当时的装束情况，又进行了艺术夸张。

图2-9 文臣像/对面页
与勋臣像各具朝衣冠，袍笏肃肃，玉珮璀璨，似乎在恭候大行皇帝灵驾的到来。

这些石像生的雕刻也极为精湛。虽然它不具有随石赋形、奏刀成趣的艺术趣味，但却以粗犷的写实手法，塑造出了与陵墓建筑肃穆庄重的艺术氛围完全合拍的艺术作品（毕恭毕敬，拱手直立的文武大臣，温顺驯服的马、驼、麒、象等），使人们在走过石像生群时不知不觉地沉浸于一种景仰哀悼的艺术氛围中。

图2-10　勋臣像

三、『风水』创造的艺术奇迹

『风水』创造的艺术奇迹

筑境 中国精致建筑100

穿过神道龙凤门北行一华里，即达陵区中部。这里地势十分开阔，举目四望，陵区形胜尽可收于眼底：北望，天寿山三峰并峙，如"龙翔凤翥"，主陵长陵尊居中峰之前，其余各陵各倚一山，布列在长陵的两侧。苍松翠柏之中，明楼、殿宇金碧辉煌，呈现出一幅壮丽的画卷。东望，蟒山逶迤，似巨蟒环抱于陵区之左。西望，虎峪山群峰绵亘，又似卧虎蹲踞于陵区之右。南望，则一座座小丘陵似一串珍珠排列于陵区之前。群山环抱之内是个小平原，到处是果园和麦田。西北和东北山壑间的水流在这一带交汇后曲折东去。这形同天造地设的自然环境，与陵区的人文景观浑然一体，达到了十分和谐的艺术境界。

清代乾隆皇帝曾经用诗这样赞美十三陵：

"北过清河桥，遥见天寿山。胜朝十三陵，错落兆其间。太行龙脉西南来，金堂玉户中天开。左环右拱实佳域，千峰后护高崔巍。"研究中国科技史的英国学者李约瑟也说过："皇陵在中国建筑形制上是一个重大成就。……它整个图案的内容也许就是整个建筑部分与风景艺术相结合的最伟大的例子。"他还称赞十三陵是建筑史上"最伟大的杰作"，"在门楼上可以欣赏到整个山谷的景色，在有机的平面上深思其庄严的景象，其间所有的建筑都和风景融汇在一起，一种人民的智慧由建筑师和建筑者的技巧很好地表达出来。"

明十三陵的设计者以自然景物，诸如山、水、林、原等为陵墓建筑创作的基础，由于

北

1.长陵陵宫　　　　　　　9.蟒山（长陵龙砂）

2.天寿山中峰（长陵主山）　10.虎峪（长陵虎砂）

3.天寿山西峰　　　　　　11.长陵神道

4.天寿山东峰　　　　　　12.昌平城

5.燕山山脉　　　　　　　13.水流（注入温榆河）

6.太行山脉　　　　　　　14.水口砂

7.昆仑山　　　　　　　　15.马兰峪

8.宝山（长陵朝案）　　　16.西山

图3-1 长陵风水格局示意图

"天人合一"的古代哲学思想的影响，整个陵区环境都被赋予了极强的"宇宙图式"般的象征意义，于是，这种象征意义又形成了一股强大的艺术感染力，形成了陵区永恒、神圣、崇高、庄严、肃穆而又生机勃勃、气势恢宏的环境氛围。然而指导人们实践这一建筑设计的理论，竟然是近于巫术的风水术。

文献记载，天寿山陵区内的每座陵在营建之前，都有礼部官员率领通晓风水术的钦天监官，"外观山形，内察地脉"，认真进行地形卜选。其中，长、永、定三陵在卜选时，礼部还奉命从民间及朝臣中特聘了一些精通风水术的人参加。以长陵为例，参加卜选的除了有礼部尚书赵翊，还有供职钦天监任阴阳训术的曾从政，以及从江西赣州府请来的民间风水师廖均卿、从衢州寺院请来的非幻和尚（俗名吴永）、从官员中推举出的知县王侃和给事中马文素等人。这些人都是当时风水界的名流。特别是廖曾二人，家学渊博，都是出自唐宋以来著名的风水流派——江西之法（又称"形势宗"或"峦头派"）的嫡传世家。

陵地的选择即是按照风水术中所说的"帝王真宅"的原则。

具体说，长陵后面巍峨的天寿山就是风水术中所讲的"龙"（又称"主山"或"玄武"）。该山是燕山山脉的一支，源自太行。它不仅是古人心目中"三大干龙"之一的"北干王气"所钟之地，而且"三峰并起，回出诸

图3-2 明·王圻《三才图会》中的《中国三大干图》

"风水"创造的艺术奇迹

筑境 中国精致建筑100

山"（万历《顺天府志》），正面形象与风水术中所讲的，只有帝王才可享用的紫微垣星局中的"三台山"形象相契合。陵园前面及左右两侧的山脉则与风水术中所讲的"砂"相吻合。陵前稍远处正对的宝山及昌平城后山，则是长陵风水堂局中的朝山或案山（又称"朱雀"）。陵东的蟒山和西面的虎峪山，以及再远的马兰峪、西山等又是长陵风水堂局中的龙砂（又称"青龙"）和虎砂（又称"白虎"）。陵区的东南方还有玕包山、平台山、影山等构成长陵风水堂局中的"水口砂"。

陵区的水流也与风水之说相妙合。陵左有老君堂水，右有灰岭、贤庄等口水流于陵前交汇后曲折东去，形成了"小水夹左右，大水横其前"（管辂《管氏地理指蒙》）的完美布局。

图3-3 长陵主山远眺
长陵主山渐渐而下，有"玄武垂头"之象，且来龙长远。陵后的背景极为高大宽博。

图3-4 陵东蟒山
极具蜿蜒的气势。

"风水"创造的艺术奇迹

筑境 中国精致建筑100

图3-5 陵西虎峪山
如虎低卧，高而不险。

　　陵园的宝城，亦即风水术中"穴"的位置，尤与风水相合。按风水说，"穴"的位置须与"来龙"的脉络相承，并应处在"形止脉尽"（郭璞《葬书》）之处。同时，还须权衡左右护砂的情况。"左护的多必为左穴，右护的多必为右穴"（黄妙应《博山篇》），"龙山先到则减虎而饶龙，其穴必居左；虎山先到，则减龙而饶虎，其穴必居右"（蔡元定《发微论》）。如果仔细观察就会发现，长陵宝城的中心位置，不仅与陵后来龙脉络相接，而且恰在来龙的形止脉尽之处。当然，由于陵右的虎砂层数多于陵左的龙砂，虎砂的前伸幅度也强于龙砂，宝城所承之脉是偏于右侧的脉络。也就是说，长陵的"穴"属于风水术中的"右穴"。

　　其他各陵的风水当然比不上长陵那么完美，但同样也是"水抱山环，无不自具形势"（佚名，《查勘明陵记》）。

图3-6 陵前远朝（或案）秀如金屏

由于风水说刻意追求大自然雄伟壮观的景象，既有宏观构想，也有微观对具体景物的要求，在大自然气象万千的变化中追求统一与和谐，所以，明十三陵在选址布局上取得的辉煌成就，不能不说是"风水术"在中国古建筑实践的成功实例。

明十三陵

「风水」创造的艺术奇迹

筑境 中国精致建筑100

四、完备的制度，合宜的布局——长陵陵宫建筑赏析长陵是明十三陵的首陵，也是规模最大和保存最完好的一陵，因此要了解十三陵必须从长陵开始。

长陵的建筑由神道和陵宫两部分组成。神道是前导，陵宫是主体。

长陵的陵宫，墓室部分尚未发掘，情况不详，地上建筑按明朝时的陵制，主要由宝顶、宝城、方城（上建明楼）、两柱牌楼门、石几筵、内红门、祾恩殿、祾恩门、两庑配殿、神帛炉、神厨、神库、碑亭、宰牲亭、具服殿等一系列建筑组成。

宝顶，是夯筑在地下玄宫（墓室）之上自然隆起的墓冢。周围环以宝城作为外部保护性建筑。宝城的前方有出入口（陵寝门，其走向平面呈"T"形），设于方城之内。方城之上

明
十
三
陵

完备的制度，合宜的布局
——
长陵陵宫建筑赏析

筑境 中国精致建筑100

图4-1 长陵复原示意图

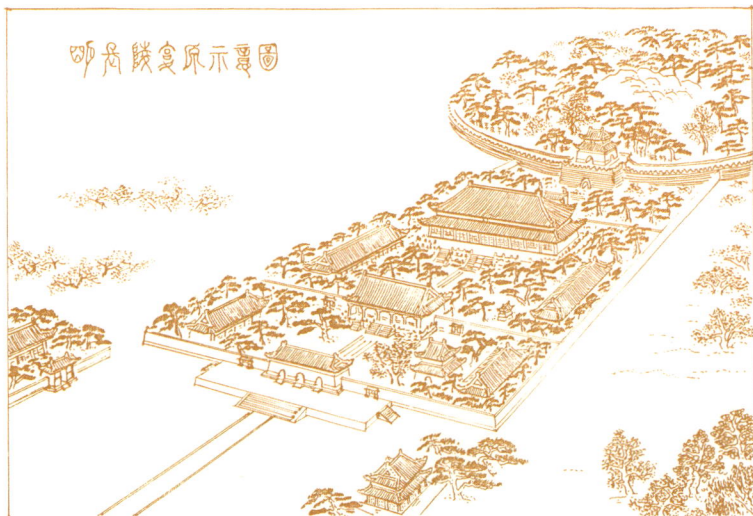

图4-2 长陵鸟瞰/上图

图4-3 站在祾恩门上北望/下图
祾恩门柱间的景框内出现了祾恩殿的"完形"
及"过白"图案。

为陵寝的标志性建筑——明楼。这是一座重檐歇山式顶的方亭，亭内树有圣号碑，碑上刻有"大明""成祖文皇帝之陵"九字。正面上下檐之间悬挂榜额，书"长陵"两字。

宝城之前有三进院落。第一进院落内设有神厨、神库各五间。神厨为祭祀时制作供品之处；神库，为储放供品之处。神厨前有嘉靖年间增建的重檐式碑亭一座。第二进院落内主要建筑是祾恩殿，重檐九间，殿内陈设御榻、神位（牌位）及帝后册室、衣冠等物，为陵寝祭祀场所。殿前左右有配殿各十五间及神帛炉一座。其中神帛炉是陵寝祭祀时焚烧祝版和神帛的地方，又称"燎位"。第三进院落内设有石几筵（石祭台，又称石五供，上置象征性祭器，中为香炉，两侧各置烛台，花瓶）和两柱牌楼门。三进院落各设有门。第一进院落前为陵门，系单檐歇山顶式宫门，门左右各设琉璃掖门一座；第二进院落前设祾恩门，为单檐歇山顶，五开间的殿门式建筑，左右也各设掖门一座；第三进院落前设门同第一进院落，但无掖门之设。

陵门之外，还有其他一些附属建筑。左边建有宰牲亭（陵祭时宰杀牛、羊、豕的地方），右边建有具服殿（帝后妃嫔谒陵的更衣处所）。稍远处，又有祠祭署（负责陵祭的衙置）、神宫监（守陵太监的居住处）以及朝房等。

以上不同功用的建筑构成了完备的陵制体系。它既满足了已故君王灵魂在阴间的各种起居需求，也为生人（嗣帝、臣民）凭吊、纪念已故君王提供了符合礼制需要的场所。

图4-4 站在内红门外侧北望/上图
门洞中明楼和两柱牌楼门的形象十分完整，
楼顶还出现了一线蓝天。

图4-5 站在祾恩殿的中门内南望/下图
祾恩门的形象也有同样完整的艺术效果。

此外，长陵陵宫的建筑布局也十分合宜。长陵的陵寝制度源于太祖朱元璋的南京孝陵。它们的共同特点是总平面均取前方后圆形制，这与秦汉唐宋时期重重方垣相套的"回"字式方陵制度迥然不同。纯方则单调，严整有余，而灵动不足；方圆结合，则阴阳互生、动静相合，体现了矛盾的对立统一，因而其艺术形象也更为生动。

各单体建筑之间尺度的权衡尤为考究。

首先是突出重点。如墓冢处于亡者实葬处的上方，其标识应最明显，其造型设计亦应最突出。故长陵的设计是室顶最高，宝城的直径也大于方院之宽。宝城前方院中的主体建筑祾恩殿，其高宽及进深尺度也大于祾恩门及内红门等建筑。

其次是相邻的前后两幢建筑间距十分恰当，形成了风水中"完形"和"过白"之美。例如，当我们站在祾恩门内的中轴线上，以明间的两根后檐柱及额枋、地平为景框透视祾恩殿，我们会看到景框内祾恩殿有构图恰到好处的完整形象（即"完形"）。祾恩殿的正脊之上还露出一线天空（即"过白"）。同样，如果我们站在内红门的中门中心，看到的明楼，以及站在陵门中券门的中心看祾恩门，都会出现这样一种完全符合人们审美意识的图景。

由于历史上的种种原因，长陵陵宫内的配殿、神厨、神库，以及陵门外的宰牲亭、具服殿、祠祭署、神宫监、朝房等建筑现已不存，但中轴线上的建筑和碑亭，神帛炉等重要建筑至今还完好保存，因此，长陵的陵园制度及建筑的布局仍是明代陵墓的最好范例。

五、现存最古老的帝陵享殿
——长陵祾恩殿

长陵祾恩殿，落成于永乐十四年（1416年）三月初一，是我国现存最古老的帝陵享殿。

该殿的建筑规制十分宏伟。台基由三层汉白玉栏杆围绕的须弥座式台基和一层无栏杆的小台基组成。大台基之前方有凸出的月台。正面和背面的三层台基均设有三出踏跺。中间一出的踏跺御路石雕十分精美：下面是海水江崖云腾浪涌，两匹海马跃出水面凌波奔驰；上面是两条一升一降的龙，飞腾在云海中追逐火珠，真是一派波澜壮阔的雄伟景象。正面月台的两边还有旁出的台阶，是供执事人员上下的。

殿宇采用面阔九间（66.56米），进深五间（29.12米）的"九五"规制，以象征"飞龙在天"的帝位之尊。殿顶为最高等级的重檐庑殿式。上檐斗栱为重翘重昂九踩，下檐为单翘重昂

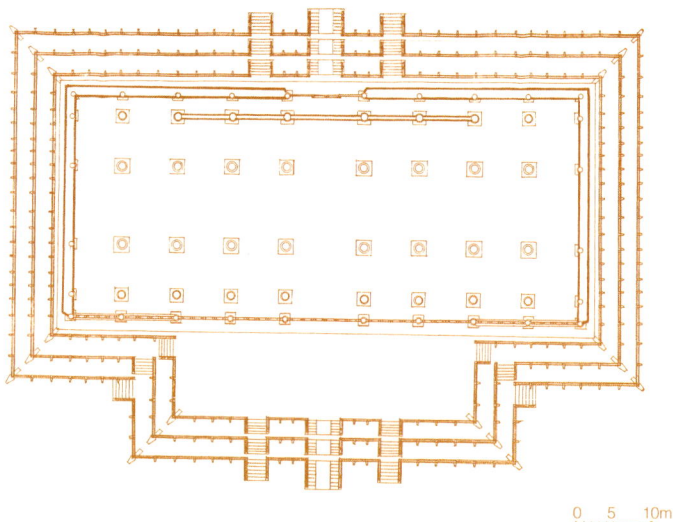

0　5　10m

图5-1 长陵祾恩殿平面图

图5-2 长陵祾恩殿剖面图

0 1 2 3 4 5m

明 十 三 陵

现存最古老的帝陵享殿
——长陵祾恩殿

筑境 中国精致建筑100

仁孝文皇后　　成祖文皇帝

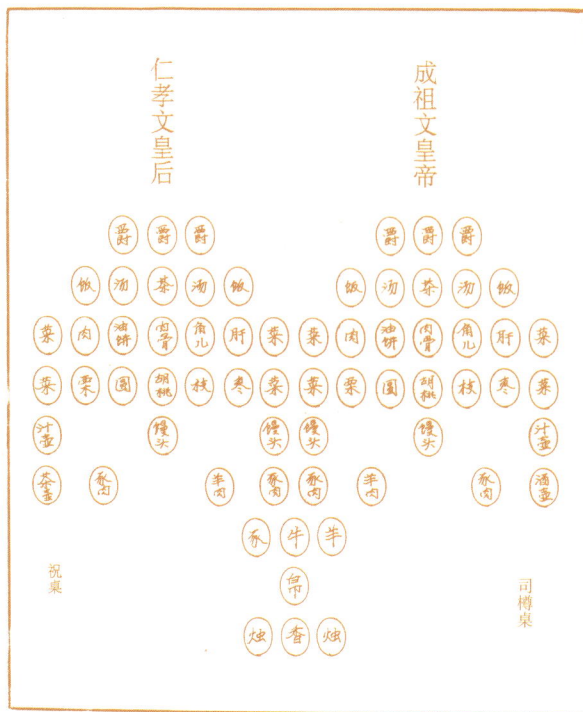

a 帝后大祭供品陈设图

图5-3a~c 长陵大祭、小祭供品陈设图（据《明太常考》绘制）

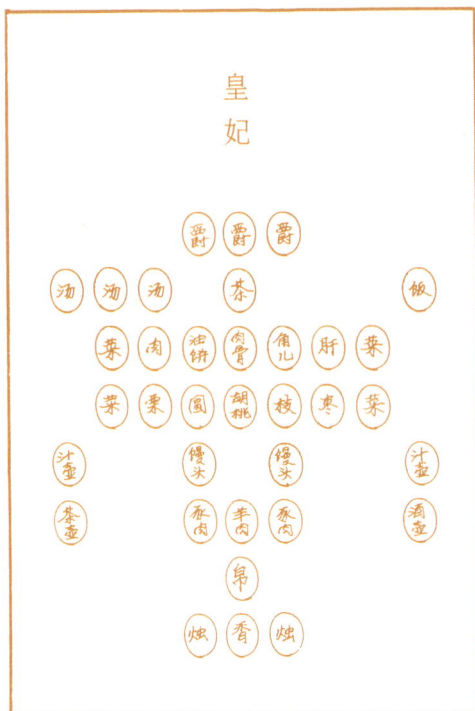

b 皇妃大祭供品陈设图

b diagram labels:
皇妃
爵 爵 爵
汤 汤 汤 茶 饭
菜 肉 油饼 肉脯 角儿 肝 菜
菜 栗 圆 胡桃 枝 枣 菜
汁壶 馒头 馒头 汁壶
茶壶 承肉 羊肉 承肉 酒壶
帛
烛 香 烛

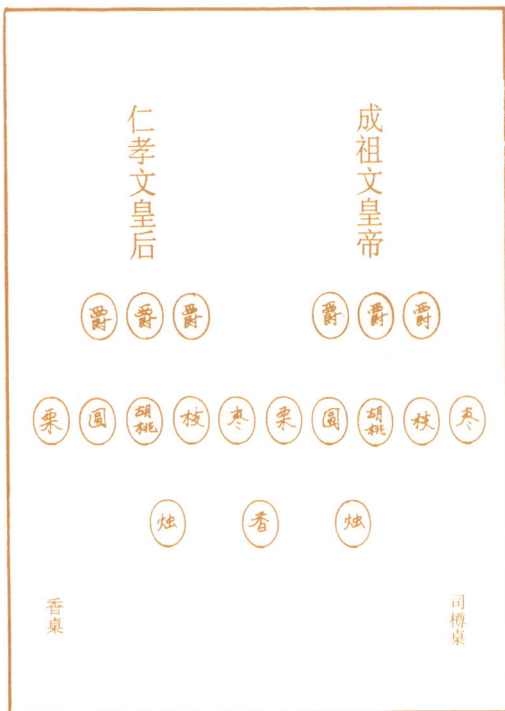

c 帝后小祭供品陈设图

c diagram labels:
仁孝文皇后　　成祖文皇帝
爵 爵 爵　　爵 爵 爵
栗 圆 胡桃 枝 枣　栗 圆 胡桃 枝 枣
烛 香 烛
香桌　　司樽桌

七踩溜金斗栱。斗栱的结构真假昂并用，很有特色。殿内的梁、柱、枋、檩等大小构件全部采用散发香味的金丝楠木，而且全用整材加工。林立于殿中的三十二根金柱，高达12米有余，底径均在1米以上。其中最粗壮的要数明间的中央四柱，尤其是左一缝前金柱底径达1.124米，堪称世间奇材。

文献记载，修建天寿山各陵及北京宫殿所用楠木大都采自四川、湖北和贵州等地的深山老林之中。那里人迹罕至，自然环境险恶，"毒蛇鸷兽出入山中，蜘蛛大如车轮，垂丝如缰胃，虎豹食之。采者以天子之命，谕祭山神，纵火焚林，然后敢入"（谢肇淛《五杂俎》）。伐倒的楠木，则往往"一木初卧，千夫难移"，不得不借雨季时洪水暴发冲下山去，然后再通过水路和陆路运回京城。可以想见，当时修建此殿时要付出多大的代价！

明朝时殿内的装修及陈设十分豪华。中央四柱饰有金莲，其余各柱饰以朱漆，额枋、斗栱等部位也都绘有彩画。平时，殿内陈设有帝后的神床（又称"御榻"或"灵座"）、御座、香案、册宝、衣冠、神位（又称"牌位"），以及相关乐器，其"金碧丹漆之制一如宸居"（梁份《帝陵图说》）。祭陵时，殿内还要添设祭祀用的桌案及各种祭品。

天寿山各陵的祭祀在明朝时有大小祭之分。

大祭，祭品丰盛，祭仪也隆重。据《太常续考》等文献记，每逢大祭之日，长陵祾恩殿内都

图5-4 长陵祾恩殿侧景

图5-5 长陵殿内的楠木柱

图5-6 长陵祾恩殿丹陛石雕刻

事先陈设好成祖、徐皇后以及成祖十六位妃子的供案（帝后案称正案，妃案称从案）。各案之上依一定次序摆放好酒壶、茶壶、汤、饭、菜、炙肉、炙肝、肉骨、油饼、角儿、栗、枣、桂圆、荔枝、胡桃、馒头、羊肉、豕肉、汁壶等各种祭品。帝后正案之前还陈设有牛、羊、豕三牲供品及奉先制帛、香、烛、酒、樽、祝版等物。奉命主持祭祀仪式的官员一般都是爵高位显的勋戚大臣（明晚期以三品官主祭）。如果是清明、霜降二节，还有各衙门官陪祭。

祭祀时间一般在深夜子时（夜11点至1点）。太常寺派来的协律郎、乐舞生在祭仪中专司赞礼、读祝、进帛、执事等礼仪事务。祭仪有初献、亚献、终献三个仪程。初献礼，祭祀官员须跪拜上香、献帛、献爵，赞礼官须跪

图5-7 长陵祾恩殿台基石栏、望柱头、螭首

读祝文；亚献、终献礼同初献，但不奠帛、不读祝。祭仪结束后，祝帛捧至燎位（神帛炉）焚烧。

小祭，祭品和祭仪都比较简单。各案祭品不过爵三果五（胡桃、荔枝、桂圆、枣、栗），案前则仅置香一、烛二，及司樽桌、香桌等几件简单的陈设。祭仪也只有上香、跪拜、献爵等几项简单仪程。

天寿山诸陵初时的祭祀遵孝陵制度：清明、中元（七月十五）、冬至为大祭节序；元旦（正月初一）、孟冬（十月初一）、忌辰（已故帝后的逝世日）、圣节（在位帝王的诞辰日）为小祭节序。嘉靖十四、十五年，明世宗更定上陵礼制，先增霜降为大祭节序，继而又取消了孟冬之祭。这样，每年的陵祭活动由三大祭四小祭变成了四大祭三小祭。

此外，明朝时皇帝也偶尔有上陵之举。其祭祀的仪式也在殿内举行。但祭仪更隆重，祭品也更丰盛。如世宗嘉靖十五年谒长陵，特上香八拜（官员祭陵时四拜）。万历八年神宗奉两宫太后谒陵。不仅香、烛、帛大量增加，祭品中还有鹿、兔等新鲜祭品。

明朝灭亡后，由于多年失修，时至清代中叶，这座宏伟的殿宇竟是"椽木朽坏，檐瓦落地"（乾隆帝《哀明陵三十韵》），殿内的

长陵稜恩殿

——现存最古老的帝陵享殿

筑境 中国精致建筑100

龛、案神牌等物也被盗窃一空。为此，清廷在乾隆五十年至五十二年（1785—1787年）时，对此殿进行了修缮，重做了龛案木主。修缮时，管工大臣发现殿内彩画"年久全行脱落，露身俱系楠木"，遂建议"毋庸重加油饰，竟留楠木质地，似觉古雅"。还提议，本次修缮"外檐上架斗科拟改用雅五墨，天花见色过色，下架用红土垫光油"（中国第一历史档案馆藏《内务府来文·陵寝事务》）。所以，至今殿内柱额斗栱还是楠木本色，但梁枋柱端又隐隐可见昔日绘制彩画时留下的痕迹，斗栱的凹陷隐蔽之处也能见到彩画清除未尽的残迹。

六、俭朴狭小的献景二陵陵制

俭朴狭小的献景二陵陵制

筑境 中国精致建筑100

明十三陵的前十二陵系明朝按帝陵制度建造的陵园。然而各陵园建筑的规模和奢俭程度却因种种原因而不尽相同。其中，以建筑俭朴、规制狭小而著称的陵园是继长陵之后建造的献景二陵。

献陵，是明仁宗朱高炽（1378—1425年）和皇后张氏的陵园。始建于洪熙元年（1425年）七月，玄宫营建仅用了三个月，同年八月建殿庑、门楼、神厨等地面建筑。正统七年（1442年）建明楼、宰牲亭，次年竣工。陵寝建置沿袭长陵制度，但规模大为缩减，且质朴无华。如长陵和献陵都有宝城建置，但长陵宝城巨大，直径达300余米，而献陵宝城进深方向仅230余米，面宽方向则仅140余米。又如长献二陵宝城前均为方院，但长陵为三进，献陵仅二进。院中的建筑，长陵享殿重檐九间，配殿各十五间，祾恩门五间，而献陵的享殿、配殿都是五间，祾恩门仅三间，且都是单檐式建筑。献陵的神道初建时甚至连碑亭都没有，直到嘉靖十六年（1537年）才与景、裕、茂、泰、康等陵一起增建了有碑无字的碑亭。

景陵，为宣宗朱瞻基（1399—1435年）和皇后孙氏的陵园，始建于宣德十年（1435年）正月，六月玄宫落成，天顺七年（1463年）地面建筑竣工。陵园建筑仍循献陵俭制，而宝城、宫院更为狭小。为此，嘉靖十五年（1536年）四月二十七日，明世宗朱厚熜亲阅长、献、景三陵，特对随从大臣郭勋说："景

图6-1 《帝陵图说》中的《献陵图》

俭朴狭小的献景二陵陵制

筑境 中国精致建筑100

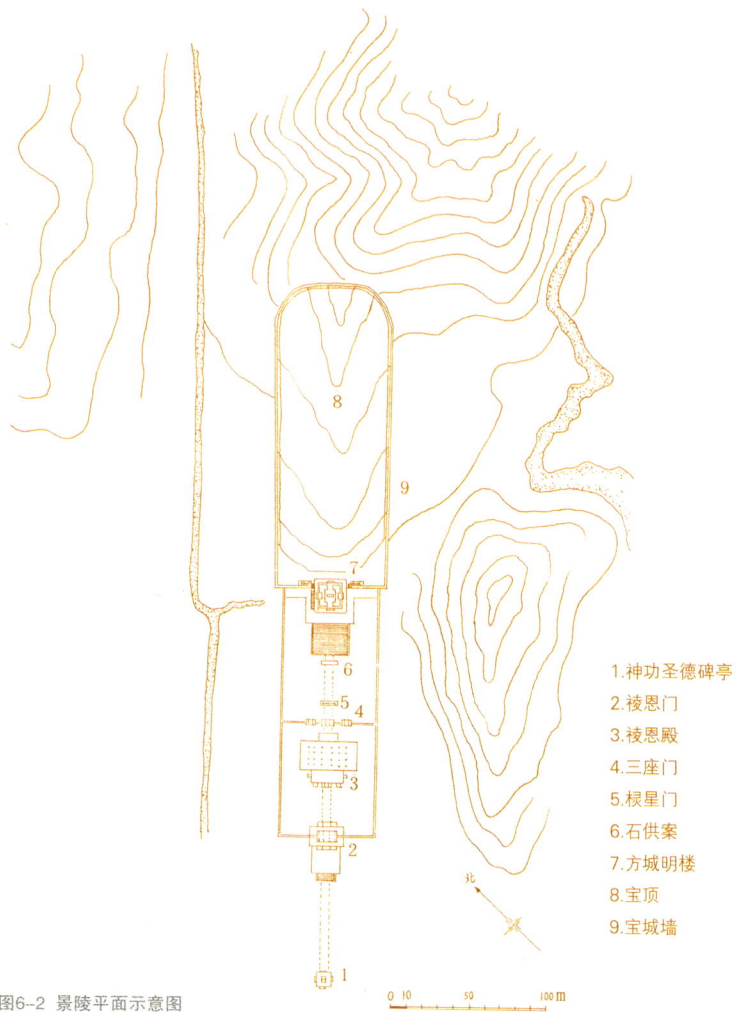

1.神功圣德碑亭

2.祾恩门

3.祾恩殿

4.三座门

5.棂星门

6.石供案

7.方城明楼

8.宝顶

9.宝城墙

图6-2 景陵平面示意图

陵规制独小，又多损坏，其于我宣宗皇帝功德之大，殊为勿称。当重建宫殿，增崇基构，以隆追报。"按《帝陵图说》所记，增崇基构后的景陵祾恩殿，"殿中……藻井花鬘，金碧丹漆"，较之献陵的"柱皆朱漆、直椽"的确又华丽了一些。

同样是朝廷依帝礼营建的陵园，长、献、景三陵何以有如此悬殊的差异呢？分析起来，当分别与陵园营造时的历史背景有关。

长陵的墓主朱棣，为太祖朱元璋第四子。明制，帝位传嫡传长。所以，朱元璋死后，皇太孙朱允炆（太子朱标之子）继承了皇位。后朱棣以"靖难"为名，举师南下，篡得帝位。但建文朝的许多大臣及一些正统观念较强的文

图6-3 献陵后院
献陵前院已成遗址，后院保存较好。

俭朴狭小的献景二陵陵制

馆境 中国精致建筑100

人都对他十分不满，甚至想舍身为故主报仇。他为掩饰自己的"篡逆"行为，震慑朝野臣民，必然要利用一切手段，树立自己的权威，以强化统治。他在北京建造比南京宫殿还要奢华的皇宫建筑，在天寿山营建与孝陵同等规制的陵园，实际上就是他企图以建筑的"壮丽"，为自己的统治"重威"的一种手段。

仁宗、宣宗的情况就不同了。那时，成祖的基业已定，在皇宫中，他们都是帝位的合法继承人。他们继位后，根本不需要再通过大事营造，以奢丽的建筑为自己壮威。反之，效法历代明君，养息民力，发展经济，倒是巩固王朝统治的最佳方略。仁宗、宣宗恰都是这样的守成君主。他们勤于政务，治国有方，国力有了很大提高。史家因此称颂两朝为"仁宣之治"。基于这种历史背景，仁宗、宣宗在位时，不仅都没有为自己建造陵墓，而且辞世后公布的遗诏都有从俭建陵的内容。如仁宗的遗

图6-4 献陵无字碑

落成于嘉靖二十一年（1542年），原制有碑亭（重檐歇山式）。据《明世宗实录》记载，亭成后礼部尚书严嵩曾奏请世宗"亲御宸翰制文"，但世宗却始终没有写出。

图6-5 景陵陵宫全景

图6-6 景陵祾恩殿丹陛石石雕

诏写道："朕既临御日浅，恩泽未浃于民，不忍重劳，山陵制度务从俭约。"宣宗的遗诏上说："丧制悉遵皇考洪熙元年五月遗诏，毋改山陵，务从俭约。"

既然仁宗、宣宗都有遗诏，嗣帝宣宗、英宗又都没有为其父亲大事营建陵园的政治需要，于是就形成了俭朴狭小的献、景二陵陵制。

但由于风水的原因，献陵的两进方院分建于献陵龙砂（玉案山）前后，景陵宝城随地势作纵向前方后圆的长条形，这种"陵制与山水相称"的设计原则，又使陵园获得了甚佳的景观效果。

七、康陵的城砖铭文

献、景二陵俭朴的陵制为尔后诸陵的建造树立了楷模。天寿山陵区内后来建造的裕、茂、泰、康、昭、庆、德七陵虽建筑渐趋繁复华丽，但陵寝制度却均未超过献、景二陵。这些陵园由于年久失修，大多残损严重。因墙面的脱落，人们却能幸运地欣赏到一些颇有价值的城砖铭文。其中康陵的城砖铭文，不仅外露较多，而且铭文的形式也较为多样。

康陵的城砖铭文和其他陵的一样，均烧制在城砖的"面"部（城砖顺砌墙中，处于外侧的一面）。其款式变化十分丰富：有横排式的，有纵列式的；有单行的，也有双行或多行的；有的像一方长条印章装饰在砖面的中央，也有的舒展恢宏，铭文占满了砖面。

铭文的字数多少不一，反映的内容也不完全一致。最少的不过三四个字，只反映了砖的产地，如"六合县"、"泰兴县造"、"浚县窑造"、"镇江卫造"等。最多的达61字，不仅反映了砖的产地，还记录有委官人和匠人的姓名，以及砖窑的种类、烧制年代等。如有一砖铭的文字为："直隶松江府金山卫管工委官指挥魏文、照磨任辂、上海县提调官知县李隶、所县委官百户叶珪、县丞汤口、吏王恺。成化十八年囗月囗日，黑窑匠计文泰、金福海。"根据这些记载详细、文字清晰的砖铭文，我们可以得知康陵的城砖来自河南、江苏、山东等省的三十几个州县。

砖铭的文字有凸出的阳刻，也有凹进的阴

图7-1 拓片之一/左图

"直隶松江府金山卫……金福海"铭文
多达61字。

图7-2 拓片之二/右图

"镇江卫造"占满砖面

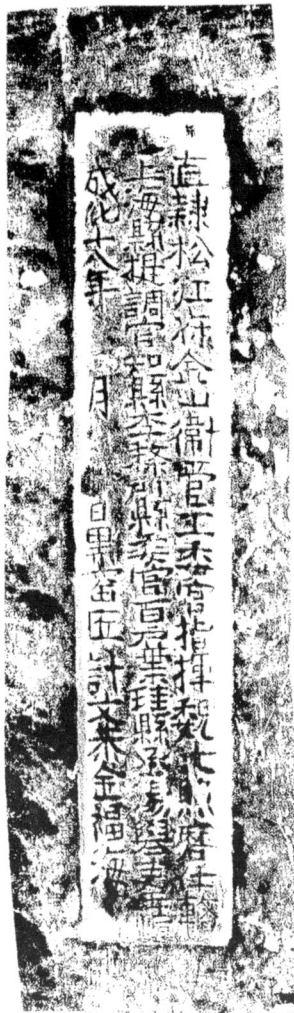

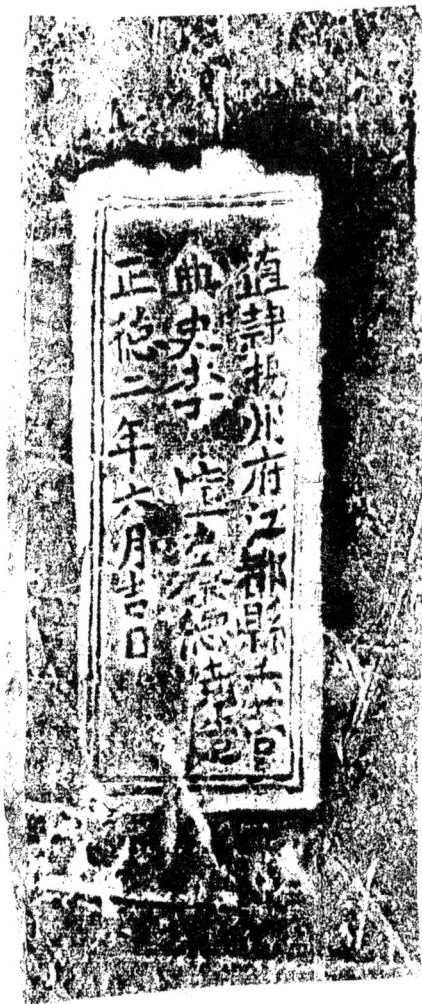

图7-3 拓片之三/左图
"直隶扬州府江都县委官典史李窑户蔡德烧造，正德二年六月吉日"铭文外饰双道边线，装饰性较强。

图7-4 拓片之四/右图
"成化拾捌年汤阴县窑造"铭文用笔豪健，有魏碑浑穆之气。

图7-5 拓片之五/左图
"济南府青城县，正德二年造"铭文用笔清丽端正，
顿挫得体，有馆阁体书风。

图7-6 拓片之六/右图
"六合县"三字铭。

图7-7 拓片之七

"正德丁卯年应天府句容县窑匠董贵四选"采用横排式。

康
陵
的
城
砖
铭
文

筑境 中国精致建筑100

刻，字大者径达5厘米，小者则不足0.5厘米。

　　字体有行楷两类，以楷居多。书艺带有古朴天然的特色。有的匀整规范、平稳工正，类似宫廷馆阁体；有的雄强茂密、浑穆大方，略具北魏碑版风骨；还有的瘦劲洒脱、意态天真……根据当时砖的烧制工序判断，这些文字当出自不见经传的民间书法家或略通文墨的匠人及低级官吏之手。

　　铭文的装饰情况也各不相同，有的周围装饰有一道或两道长方形的外框，给人以严谨庄重的规范感；也有的不饰边框又有质朴无华的自然之美。

　　总之，康陵的砖铭无论是对明代的造砖历史，还是对当时的书法和工艺史的研究都有重要的参考价值，是不可多得的文物资料。

八、『宛若天宫』的明永陵

明代中后期，天寿山陵区内出现了一座规模仅次于长陵，但"伟丽精巧"又超过了长陵的陵园，这就是明世宗朱厚熜的永陵。

朱厚熜不惜耗费巨大的人力物力越制为自己建造陵园，是有着一定的政治目的的。

朱厚熜系兴献王朱祐杬（孝宗异母弟）之子，武宗皇帝的堂弟。武宗于正德十六年（1521年）三月驾崩，因无子嗣，遂由朱厚熜继承了皇位。

朱厚熜由一个藩王世子一跃而成皇帝，而以皇太后张氏（武宗之母）为首的先朝的强大势力，无疑是他行使帝王权力的一大障碍。为扫清这一障碍，他通过"大礼仪"和治裁孝宗、武宗外戚等重大政治举措，将朝政大权牢牢地掌握在自己手中。他的帝王的权力也因此而膨胀起来。为了进一步震慑朝野臣民，显示君权的无比威力，扩大自己的政治影响，他不仅大肆营建宫室及坛庙建筑，更定祀典制度，而且还像当年的明成祖那样，生前即在天寿山陵区内建造了宏伟的陵园。

由于上述特殊的历史背景，永陵的陵寝建筑规模明显地超过了献、景、裕、茂、泰、康六陵规模（六陵均二进院落，永陵为三进；六陵享殿、配殿各五间，祾恩门各三间，永陵则享殿为重檐七间、配殿各九间、祾恩门五间），与长陵相较，虽略有逊避（长陵宝城直径一百零一丈八尺，永陵八十一丈。殿庑间数

图8-1 永陵平面图

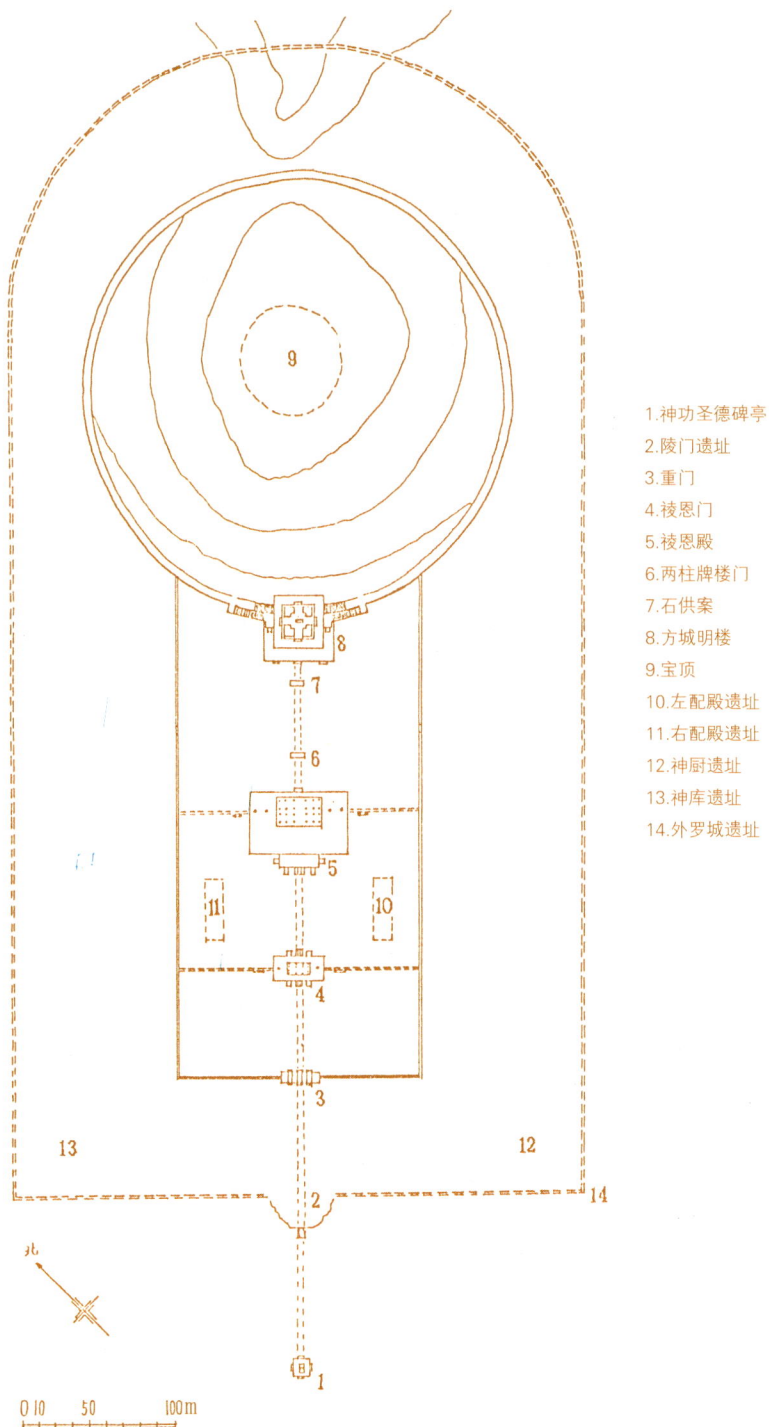
图8-1 永陵平面图

1.神功圣德碑亭

2.陵门遗址

3.重门

4.祾恩门

5.祾恩殿

6.两柱牌楼门

7.石供案

8.方城明楼

9.宝顶

10.左配殿遗址

11.右配殿遗址

12.神厨遗址

13.神库遗址

14.外罗城遗址

也比长陵略少），但用料之精，施工之细，又远远超过了长陵。如长陵宝城垛口全系砖砌，永陵则全用大块花斑石加工制作；长陵明楼和孝陵一样，采用砖木结构做法，而永陵则全系砖石结构，斗栱、额枋、榜额、飞椽等均以巨大的白石雕刻，然后组装彩绘，外观虽酷似木构建筑，但坚固异常。

此外，永陵还有一道外罗城，而孝、长二陵和其他六陵均无。清梁份《帝陵图说》曾记其由来："永陵既成，壮丽已极，为七陵所未有。帝登阳翠岭顾工部曰：'朕陵如是止乎？'部臣仓皇对曰：'外尚有周垣未作。'于是周遭甃砌，垣石坚厚，壮大完固，虽孝陵所未尝有，其后定陵效之。"这段记载，可能采自传闻，但永陵"重门严邃，殿宇宏深，城楼巍峨，松柏苍翠，宛若仙宫"的超越祖制的规模肯定出自世宗主张。由此可见，陵寝建筑的规模及建筑的奢俭程度又是帝王权力膨胀程度的一个折射。

图8-2 永陵明楼前的牌楼门

图8-3 永陵明楼

『宛若天宫』的明永陵

◎ 筑境 中国精致建筑100

图8-4 永陵宝城的垛口/上图
全部用花斑石加工而成。

图8-5 永陵祾恩殿丹陛石石雕/下图

九、昭陵『哑巴院』由来探析

昭陵（明穆宗朱载坖陵）以前的天寿山陵寝，宝城的形制有两种：一种是城内满填黄土，隆起的宝顶占满宝城院。其中长、永二陵属这种形制。另一种是宝顶黄土从宝城紧贴城根的城内排水沟里侧开始起筑，墓冢不高，古人称之为"小冢半填"。宝顶前低矮的拦土墙前还建有倚墙式照壁一座。宝城院的入口为方城下的券门。为使人们能由院内上至方城、宝城，方城两侧紧贴宝城处还设有转向礓磋。其中献、景、裕、茂、泰、康六陵宝城属于这种形制。

但从昭陵开始，宝城的形制又有了新的变化：城内的黄土像长、永二陵那样填得非常满，但宝顶的前面却有一道前述各陵都没有的，几乎与宝城墙等高的，向前弯曲的弧形拦土墙。这道墙正好将宝顶前照壁的后半部分嵌在墙中，并与两侧宝城墙相交，围成了一个月牙形的封闭式院落。大约是由于院落只有一个出入口，比较封闭，后人习称之为"哑巴院"。

昭陵的宝城内为什么会出现这样一种形制的哑吧院呢？文献没有记载其准确原因，但分析起来很可能与该陵宝顶填土的一段史事有关。

图9-1 从昭陵明楼门洞看哑巴院琉璃照壁/对面页

图9-2 昭陵哑巴院的琉璃照壁

据《明神宗实录》记载，昭陵的营建虽然竣工于万历元年（1573年），但宝城内的黄土却和嘉靖年间所建的永陵一样，迟迟未能填到应有的高度。因此，当工部官员于万历九年（1581年）五月十五日上疏给神宗皇帝，谈到永陵宝城从嘉靖十八年开始填土，至今"十分尚亏其八"时，神宗特传旨说："皇祖宝城培土如何四十余年尚未完？就这工程重大，若用陵军、班军，未免耽延时月，终无完局。依拟通行雇募，刻期报完。"又说："朕前恭谒陵寝，见昭陵宝城亦欠高厚，着一体加培，俱不许苟且了事。"

图9-3 昭陵宝顶

昭陵『哑巴院』由来探析

筑境 中国精致建筑100

大概是永、昭二陵宝城黄土同时加培的原因，二陵宝城内的黄土均填得非常满，并且宝顶的中心部位均夯筑有一座上小下大的圆柱形的陵冢。昭陵的宝城黄土既然像永陵那样填得非常满，而昭陵早已建成的方城、宝城又制如献景诸陵，于是，为了使黄土加培到一定高度，同时又不致将方城下的券门和两侧的转向礓磋埋入土中，便在宝顶和方城之间筑起了这道高的挡土墙。于是，昭陵的宝城院内出现了前八陵都没有的这种特殊的"哑巴院"，并且昭陵的宝顶也不再是献、景等陵那种"小冢半填"的形式了。

十、定陵玄宫与九重法宫

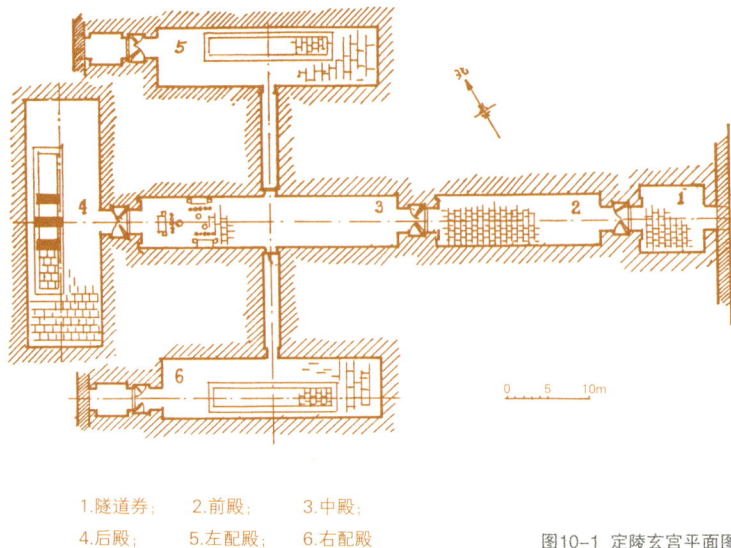

1.隧道券；　　2.前殿；　　3.中殿；
4.后殿；　　5.左配殿；　　6.右配殿

图10-1 定陵玄宫平面图

　　明神宗朱翊钧的定陵是我国第一座按计划发掘的古代帝王陵墓。该墓的发掘始于1956年5月。发掘工作历时一年，先后开挖了三道探沟，终于找到了通向玄宫的砖石隧道和金刚墙，成功地打开了玄宫石门。

　　定陵玄宫是一座由前、中、后、左、右五室组成的相互通连的巨大的石结构洞穴群。洞室采用拱券结构。券顶呈双弧相交、顶部略尖的"锅底"形状。后室为玄宫的主室，面宽30.1米，进深9.1米，顶高9.5米，室内有汉白玉石镶边，花斑石铺面的石棺床。棺床上安放着神宗朱翊钧和他两位皇后的棺椁，以及随葬的器物箱。中室位于中心，为四室枢纽，其平面为纵向长方形，面宽6米，进深32米，顶高7.2米。室内有一帝二后的白石神座、琉璃五供（香炉一，烛台、花瓶各二）和用青花云龙大瓷缸储油的"长明灯"。左右两室位于后室之前，中室之两侧。两室面宽均为26米，进深7米，顶高7.4米，室内各有棺床一座，但上面空无一物。前室，位于中室前，面宽、顶高同中室，进深20米，室内无任何陈设。玄宫共设石门七座，其中前、中、后三室石门制作精致、装饰华丽，有白石门楼。

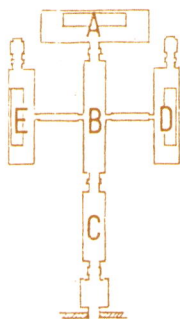

明定陵玄宫平面图

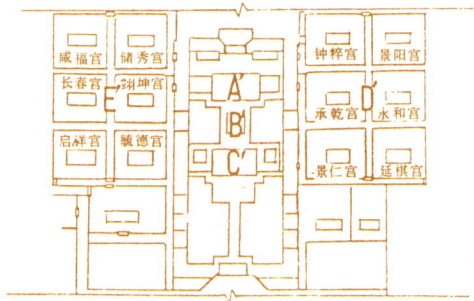

明代皇宫内廷建筑平面图

A 玄宫后室； B 玄宫中室； C 玄宫前室；
D 玄宫左配室； E 玄宫右配室； A'坤宁宫；
B'交泰殿； C'乾清宫； D'东六宫； E'西六宫

图10-2 明定陵玄宫平面与明代皇宫内廷建筑平面比较图

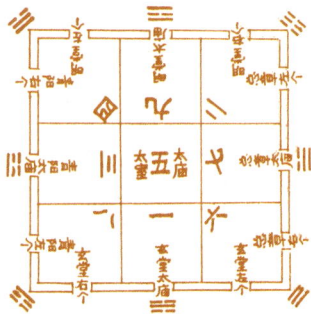

明堂九室图

明堂为古帝王朝诸侯、施政令的礼制
性建筑。据《大戴礼记》、《礼记》
等文献记载，其平面作规法"井田"
的九宫图形。

太一下行九宫图

汉郑玄注《易纬乾凿度》所描绘的
太一下行九宫的起止顺序。

图10-3 明堂九室和太一下行九宫图

图10-4 定陵玄宫金刚墙

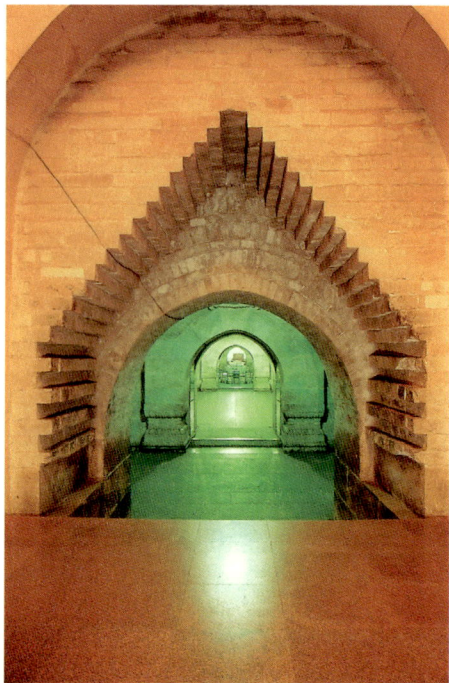

定陵玄宫与九重法宫

筑境 中国精致建筑100

图10-5 定陵玄宫前室石门

定陵玄宫为什么要设前、中、后、左、右五室，这种布局蕴含有什么意义，是最令人关注的问题。

为了说明这个问题，还得先从古代的礼俗谈起。古代的丧葬制度推崇"事死如事生"的礼制。因此，便在茔墓建筑中，从不同的角度模拟生人所居的形式。例如，我国商周时期的天子墓，墓室为平面呈"亞"字形的深坑，并设有四出"羡道"，这与古代礼书所记载的"天子之宫四通"，以及当时的明堂、路寝等帝王宫室和其他礼制性建筑的平面格局颇为相近。又如，五代时期南唐的钦陵和顺陵，"都遵守唐制……在平面上都分前、中、后三个主室，每室左右又各附有侧室"（刘敦桢主编《中国古代建筑史》），这亦与唐代大内宫殿

图10-6 定陵玄宫中室神座

筑境 中国精致建筑100

的布局有关。同样，定陵玄宫的这五室分布形式，也应是明代皇宫内廷建筑布局的缩影。

据《明世宗实录》记载，嘉靖十五年（1536年）五月，世宗朱厚熜在讨论永陵的营建时，曾对辅臣李时、夏言等人说，长陵等陵"地中宫殿、器物等，旧仿九重法宫为之，工力甚巨"。后来他还同意了大臣们的建议，规划永陵的地宫时亦"稍存其制"，按文献记载，定陵是仿照永陵修建的，应是"九重法宫"格局，其他各陵制度一脉相承，也应基本一致。

那么，什么是九重法宫呢？根据明代文献所记，狭义的九重法宫，可以指皇帝所居的乾清宫，而广义的九重法宫则可指整个皇宫的内廷建筑。从定陵玄宫五室的分布形式看，正是广义九重法宫格局的反映。其中，前、中、后三室位当玄宫的纵轴线上，相当于皇宫内廷的乾清宫、交泰殿和坤宁宫；左右配室对称地设于中室两侧，又相当于皇宫内廷建筑中对称地建于交泰殿东西的东六宫和西六宫。帝后生前尊处九重法宫之中，死后其神灵所栖之地仿九重法宫的格局建造完全是合乎情理的事。

当然，这九重法宫格局是具有十分久远的文化渊源的，其图形也就是曾被赋予种种神秘含义的"九宫"图。

"九宫"图也称作"九宫格"，由纵横各为三数的方格组成。早在殷周时代，即为一

图10-7 定陵玄宫后室/上图

图10-8 定陵玄宫左侧室/下图

定陵玄宫与九重法宫

饾镜 中国精致建筑100

种极为神圣的图式，故"大而分州、小而井田，莫不以九为则"（清胡渭《易图明辨》卷二）。于是，出现了"九畿"、九野、明堂九室以及"匠人营国，方九里，旁三门，国中九经九纬，经涂九轨……"（《周礼·考古记》）等上至天文，下至地理的一系列以九宫图式为基础的布局图案。先秦著作之一的《易纬乾凿度》认为《易经》中之天地阴阳数（奇偶数）相合等于十五的数理关系（五与十，九与六，七与八）是"道"，亦即宇宙规律的体现。所以，太一神"取其数以行九宫"，留下了以九一三七为四方，二四六八为四隅，五为中宫，经纬四隅，交络相值，均得十五的"太一九宫图"。此图中宫为太一神所居，余八宫为八卦神所居，于是九宫图式以神话的方式被赋予了八卦的含义。

九宫图式在我国古代历史上有如此古老的传统，其图案又蕴含着十分神秘的内容，所以，皇城、宫室、陵墓等重要建筑均取法于这种格局便是必然的事了。

如前所述，既然定陵玄宫反映的是皇宫内廷建筑布局，则五室功用也就十分明确了，前、中、后三室尊居中路，如皇宫中的乾清宫、交泰殿和坤宁宫，则后室棺床理应停放帝后棺椁。左右两室既然所处为皇宫东西六宫位置，则两侧室棺床自应是象征妃嫔的停棺处。只不过由于英宗遗诏禁止妃嫔殉葬后，妃嫔均别葬他处，故帝陵玄宫侧室棺床也就只是虚设罢了。

十一、埋葬亡国之君的明思陵

图11-1 思陵平面图

埋葬亡国之君的明思陵

筑境 中国精致建筑100

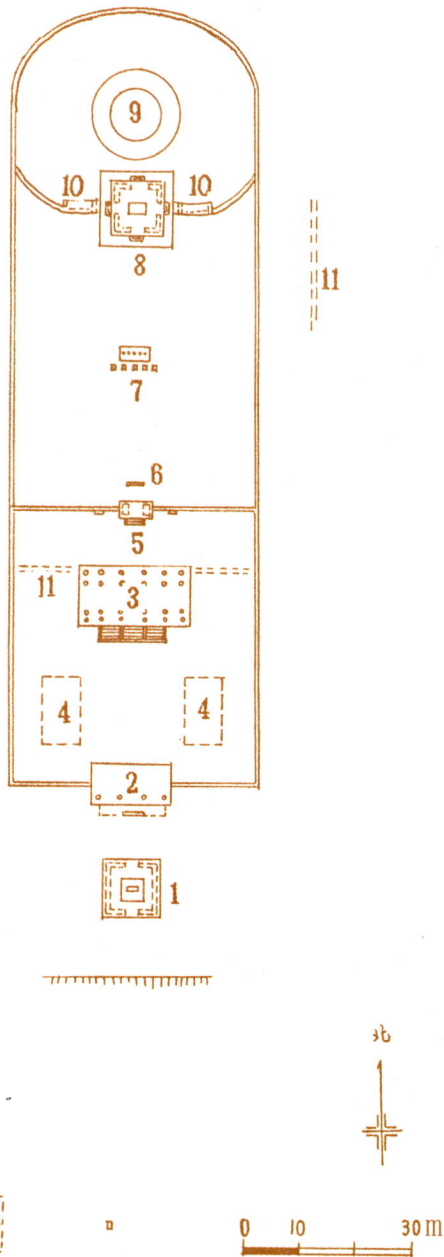

北

0   10   30 m

1.碑亭；   2.陵门；   3.享殿；   4.配殿；   5.二门；   6.影壁；
7.石五供；   8.方城、明楼；   9.陵冢；   10.礓礤道；   11.明代妃园寝墙基残址；   12.王承恩墓

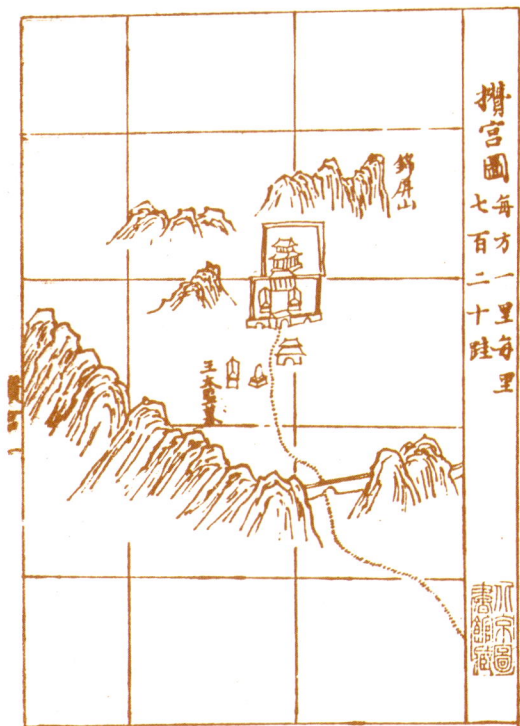

图11-2 清·梁份《帝陵图说·攒宫图》

　　明思陵，是明朝最后一帝崇祯皇帝朱由检（1610—1644年）的陵墓。它坐落在陵区西南部鹿马山南麓，南邻西山口，北邻宪、世、神三宗皇帝的妃坟。一代帝陵屈尊与妃坟为伍，是有一定历史原因的。

　　原来，崇祯帝在位期间虽有过建陵于马兰峪（今清东陵所在）的设想，但国事纷繁，未能付诸实施。而崇祯帝在天寿山陵区也没有营建陵园，所以，明崇祯十七年（1644年）三月李自成所率的农民起义军攻入北京后，只能将在绝望中自缢身亡的崇祯帝和皇后周氏埋葬在天寿山陵区内崇祯帝生前的一名妃子田贵妃的墓中。

埋葬亡国之君的明思陵

筑境 中国精致建筑100

文献记载，崇祯帝后的安葬十分草率。当时顺天府农民军政权，责令昌平州官吏"即动官银催夫速开田妃圹，合葬崇祯先帝及周皇后梓官。四月初三日发引，初四日下葬，毋违时刻"。但昌平州那时却也是"钞库如洗"。为此，署昌平州吏目赵一桂只好与监葬礼部主事许作梅商议，入京禀报顺天府。经再三请示，顺天府才批复："着该州各铺户捐挪应用。"赵一桂回州后几经筹措，才有郡人王政行等十人共捐钱350千文，随即雇夫头杨文组织人开挖田妃墓。

当时的田妃墓只有地下玄宫，地面建筑因明亡而未及修建。杨文率人挖开了长十三丈五尺、宽一丈、深三丈五尺的田妃墓隧道，接着用拐钉钥匙推开了头层石门。石门内是一座三间的香殿，殿中悬有万年灯两盏，此外还陈设有石香案及一些五彩绸缎侍从宫人。东间的棺床上叠放着随葬的被、褥、龙枕，以及用铜铅冒充制作的"金银"器皿。推开第二层石门，里面是一座九间的大殿。殿内棺床上停放着田氏的棺椁。

崇祯帝后的棺木从皇宫运到陵地后，先停在祭棚内，举行了一个简单的祭奠仪式后入葬田妃墓中。由于崇祯帝有棺无椁，所以奉安时，先将田妃椁打开，然后将田妃棺木从椁内抬出停放在石床右侧，接着将周皇后棺木放在石床左侧，最后才将崇祯帝的棺木停放在田妃椁中。奉安完毕后，又在墓室内放好香案，祭器，点起万年灯，才关闭石门，填平隧道。两

a

b

图11-3 思陵石供器

与明代所建前十二陵不同。明代所建十二陵均
只有石供器一套，思陵则有前后两套。前套，
是五个相互独立的供器。中间为香炉，式如方
鼎，上面雕饰饕餮纹。左右为烛台和花瓶。烛
台，台腹四面雕人物故事吉祥图案；花瓶，亦
雕饕餮纹。后套，祭案作翘头案形式，下作闷
户橱形。案上陈设橘、柿、石榴、桃、佛手等
五件成盘的石雕供果。

埋葬亡国之君的明思陵

筑境 中国精致建筑100

天后，赵一桂又从附近西山口等三村拨夫百名，修筑了坟冢，并买砖在坟冢周围修筑了五尺高的矮墙。

清朝入主中原后，出于政治目的，于顺治元年（1644年）下令以礼改葬崇祯帝后，并建造地上园寝建筑，号陵名为思陵。但建成后的思陵，连宝城都没有，享殿、配殿都只有三间，明楼则平地而建，形同一般碑亭。清初学者顾炎武谒过十三陵曾哀叹道："天祸降宗国，灭我圣哲王。渴葬池水南，灵宫迫妃殇。上无宝城制，周匝惟砖墙。……殿上立三主，并列田娘娘。问此何代礼，哽咽不可详。"直到清乾隆五十年至五十二年（1785—1787年）全面修葺十三陵时，才示意性地为思陵修建了规制极为简单的宝城和明楼，享殿虽由三间扩

图11-4 思陵方城遗址及墓碑
碑额"大明"二字，下刻"庄烈愍皇帝之陵"。

图11-5 思陵神道碑
碑阳刻有清顺治十六年（1659年）大学士金之俊奉敕撰写的《皇清敕建明崇祯帝碑记》。

建成五间，但两配殿却早在乾隆十一年修葺时即因"久经倾圮，且地基窄狭"而拆除不建。

清朝灭亡后，由于局势动荡，时至20世纪50年代初，思陵的地面建筑基本倒塌无存，但幸运的是陵园的石刻，如精致的石雕祭器、明楼及碑亭内的石碑还保存较好，可供人们观赏。

大事年表

朝代	年号	公元纪年	大事记
明	永乐七年	1409年	明成祖朱棣临视黄土山，封山名为天寿山，遣官营建长陵
	永乐十一年	1413年	陵成（指地下宫殿），命名长陵
	永乐二十二年	1423年	葬成祖朱棣于长陵
	洪熙元年	1425年	建献陵
	宣德十年	1435年	建景陵
	正统八年	1443年	建献陵毕工
	正统十四年	1449年	瓦剌军（蒙古一部）杀散长景等陵卫官军，焚毁长、献、景三陵祭器
	景泰元年	1450年	于天寿山南筑永安城，以居长、献、景三陵、陵卫官军，移县治于城内
	景泰七年	1456年	在天寿山陵区内营建景泰帝寿陵
	天顺元年	1457年	英宗命毁景泰帝寿陵
	天顺七年	1463年	景陵建成
	天顺八年	1464年	建裕陵
	天顺八年	1464年	裕陵建成
	成化二十三年	1487年	建茂陵
	弘治十八年	1505年	建泰陵
	正德元年	1506年	泰陵建成
	正德十六年	1521年	建康陵
	嘉靖元年	1522年	康陵建成
	嘉靖十五年	1536年	建永陵，并修缮长、献、景、裕、茂、泰、康七陵
	嘉靖十七年	1538年	世宗嘉靖帝于天寿山陵区大峪山前为其父建显陵，因众臣异议而未用，后于隆庆年间改建为昭陵
	嘉靖二十九年	1550年	鞑靼兵（蒙古一部）掠天寿山东山口、康陵果园等处
	隆庆六年	1572年	建昭陵

朝代	年号	公元纪年	大事记
明	万历十二年	1584年	建定陵
	万历十八年	1590年	定陵建成
	天启元年	1621年	建庆陵
	天启六年	1626年	庆陵建成
	天启七年	1627年	建德陵
	崇祯五年	1632年	德陵建成
	崇祯九年	1636年	清兵焚德陵
	崇祯十七年	1644年	李自成农民起义军焚定陵殿庑及康昭二陵明楼
清	顺治元年	1644年	改葬崇祯帝，建造思陵，并葬天启皇后张氏于德陵
	乾隆五十至五十二年	1785—1787年	修缮明十三陵
中华民国		1935年	北平市政府修葺明长陵及神道建筑
中华人民共和国		1949—1950年	设昌平县护陵委员会
		1952年	改护陵委员会为十三陵文物保管所
		1955年	修缮长、景、永三陵，十三陵划归北京市园林局管理
		1956年	试掘定陵
		1957年	北京市人民政府公布十三陵为北京市第一批重点古建文物保护单位
		1959年	定陵博物馆正式开放
		1961年	十三陵被确定为第一批全国重点文物保护单位
		1981年	成立昌平县十三陵特区办事处
		1982年	十三陵风景区被确定为全国44个重点风景名胜保护区之一
		1983—1996年	修缮长、献、昭、思等陵
		1995年	明十三陵博物馆登记注册
		2003年	联合国教科文组织将明十三陵列入世界（文化）遗产名录